AF562845

[illegible]AIT DES MEMOIRES DE L'ACADEMIE D'AMIENS

COMMENT LE CHEVAL DE FAIDHERBE NE LUI FUT PAS RENDU PAR LES PRUSSIENS

PAR

H. DAUSSY

AMIENS
TYPOGRAPHIE ET LITHOGRAPHIE H. YVERT
64, Rue des Trois-Cailloux, 64.

1887

EXTRAIT DES MÉMOIRES DE L'ACADÉMIE D'AMIENS

COMMENT
LE
CHEVAL DE FAIDHERBE
NE LUI
FUT PAS RENDU PAR LES PRUSSIENS

PAR

H. DAUSSY

AMIENS

TYPOGRAPHIE ET LITHOGRAPHIE H. YVERT

64, Rue des Trois-Cailloux, 64.

—

1887

COMMENT

LE CHEVAL DE FAIDHERBE

NE LUI FUT PAS RENDU PAR LES PRUSSIENS

Ce cheval était un très bel étalon arabe bai-brun. A la bataille de Pont-Noyelles il avait été blessé à la croupe par un éclat d'obus.

Car le général Faidherbe s'exposait beaucoup. On le lui a vivement reproché.

Et comme volontiers on prête aux riches, on lui a même reproché des imprudences qu'il n'a pas commises.

*
* *

En voici une dont l'accuse l'auteur anonyme des « *Opérations militaires de l'Armée du Nord* » et dont il est bien innocent :

« Le même jour, 20 Décembre, le général Faidherbe, « dont le caractère est parfois très aventureux, exécutait, « de sa personne et sans escorte, une reconnaissance en « avant de Conty. Habillé en bourgeois et installé dans « une charrette avec quelques officiers vêtus comme « lui, il courut le risque d'être fait prisonnier par les « uhlans. Le général remplissait ici le rôle d'éclaireur « tandis que les chevaux des dragons restaient au « piquet. » Page 100.)

Ce livre renferme un grand nombre d'autres erreurs. Celle-ci est vraiment inexplicable.

Faidherbe perdant toute une journée, presque à la veille de la bataille de Pont-Noyelles, qui se donna le 23 Décembre, à faire en personne le métier d'éclaireur ; allant se promener à Conty, c'est-à-dire à huit lieues loin de son quartier général de Corbie ; franchissant pour cela, on ne sait où ni comment, la Somme que les Prussiens occupaient fortement ; et pénétrant, à quatre lieues au sud d'Amiens, dans la vallée de la Selle, au milieu de la division Barnekow qui était ce jour-là en marche de Conty sur Amiens. Cela se réfute de soi-même.

Ce n'est pas à *Conty*, mais à *Contay* que Faidherbe se rendit le 20 décembre ; et c'est bien différent.

Il avait disposé son armée tout le long de l'Hallue, petite rivière qui prend sa source aux environs de Contay et se jette à Daours dans la Somme. Il voulut faire bien connaître à ses généraux les positions qu'il avait choisies pour y attendre le choc de l'ennemi : il tenait à expliquer sur place à chacun d'eux ce qu'il aurait à faire. Mais tous ses officiers n'étaient pas aussi solides à cheval que leur général en chef, qui était un des premiers cavaliers de l'armée ; l'amiral Moulac se trouvait moins à l'aise sur le dos d'un cheval que sur le tillac d'un navire. C'est pourquoi on fit l'excursion en voiture. Et il parut convenable, eu égard surtout au genre de véhicule plus que modeste qu'on était parvenu à se procurer, de la faire en habits bourgeois. C'est en cet équipage que nos officiers généraux se rendirent à la Houssoye, Pont-Noyelles, Fréchencourt, Bavelincourt et *Contay*, parcourant ainsi tout le front de leurs troupes, ce qui n'avait assurément rien d'aventureux.

*
* *

Mais s'il est manifeste que, ce jour-là, Faidherbe ne courut pas le moindre danger, il reste vrai de dire qu'aux jours de bataille il bravait le péril avec une intrépidité de sous-lieutenant.

A Bapaume, il fut touché par une balle tirée de très près.

Il montait, ce jour-là, son petit arabe blanc. Au moment où le Prussien le mit en joue, il faisait faire à son cheval, qui ne pouvait franchir un talus couvert de verglas, une demi-volte sur les pieds de derrière, pour qu'il ne se renversât pas. Sans ce mouvement, qui lui sauva la vie, la balle le traversait de part en part à la hauteur des hanches. Au lieu de cela elle arriva très obliquement sur une carte du Pas-de-Calais, repliée en plusieurs feuillets, que le général avait dans sa poche. Elle glissa sur sa carte en déchirant son caban.

A Pont-Noyelles on peut dire qu'il se prodigua : il fatigua ce jour-là ses quatre chevaux arabes. On le voyait partout ; tantôt courant au galop au devant de nos lignes de tirailleurs les plus exposées, tantôt s'arrêtant auprès des batteries pour en examiner le tir. C'est ainsi qu'il demeura assez longtemps auprès de la batterie Dupuich, des mobilisés du Pas-de-Calais, partageant tous les dangers du soldat.

Et comme ses officiers et ses amis lui reprochaient, le même soir, ces témérités qui exposaient en sa personne le succès des opérations de l'armée : « Croyez bien, leur « répondit-il, que je n'ai pas plus qu'un autre envie de me « faire tuer. J'ai une femme et des enfants. Mais, avec « des soldats comme les nôtres, il faut prêcher d'exem-

« ple. Quand je dis à ces braves gens, qui n'ont jamais « vu le feu, de tenir bon, malgré les projectiles, dans « les positions que je leur ai assignées, je suis obligé de « leur prouver que c'est possible. Et il n'y a pour cela « qu'un moyen, c'est d'y rester avec eux. »

N'avait-il pas raison? Pouvait-il se conduire comme Manteuffel et Gœben, comme le doit faire, d'ailleurs, un général en chef dans des conditions normales?

Sur des troupes comme les siennes, réunies à la hâte, formées d'éléments disparates, dépourvues d'instruction et d'expérience, n'ayant aucune cohésion, aucune solidité, ce n'est pas à l'action de la discipline qu'il pouvait se fier. Il n'en pouvait tirer parti qu'à la condition de surexciter les esprits, de frapper les imaginations, et d'entraîner par l'enthousiasme des hommes qui ne savaient pas ce que c'est que la guerre.

La batterie Dupuich, par exemple, sauf les pointeurs qui étaient des marins, n'était formée que de mobilisés, c'est-à-dire de simples gardes nationaux. Elle n'avait pas tiré un coup de canon, même à blanc; avant cette journée du 23 Décembre, où elle combattit contre l'artillerie prussienne. Electrisée par le général en chef, elle fit vaillamment son devoir.

Ce qui était singulièrement aventureux de la part de Faidherbe, c'était d'entreprendre la lutte contre des troupes parfaitement organisées, aguerries et victorieuses, avec ce qu'il savait bien n'être « qu'un semblant d'armée», Dès qu'il avait cette audace, il lui fallait, pour avoir quelque chance de succès, y joindre toutes les autres et enflammer les courages par l'exemple contagieux d'une bravoure personnelle poussée jusqu'à la témérité.

*
* *

S'il ne fut pas blessé à la bataille de Pont-Noyelles, ce fut un miracle.

Un éclat d'obus, qui troua ses vêtements, atteignit, comme nous l'avons dit, son beau cheval bai-brùn, qu'il avait ramené d'Afrique et auquel il tenait. La blessure n'était pas très grave. Cependant il fallut laisser ce bel animal à Corbie, lorsque le lendemain, 24 Décembre, Faidherbe battit en retraite pour aller se retrancher derrière la Scarpe.

Le cheval resta donc chez M. Gressier, où le général avait logé. M. Mallet, vétérinaire, fut appelé à lui donner des soins. Il le fit installer plus commodément chez un voisin, M. Ducamp, propriétaire et cultivateur.

Le lendemain, 25 Décembre, jour de Noël, les Prussiens occupèrent Corbie. Ils virent le cheval chez M. Ducamp. Mais une couverture cachait la blessure. M. Ducamp le faisait passer pour son cheval de selle. Ils le lui laissèrent, ne se doutant point que c'était le cheval de bataille du général français.

*
* *

Quelques jours plus tard, notre armée quittait ses lignes de la Scarpe pour marcher en avant, et remportait le 3 janvier, dans les plaines de Bapaume, une victoire dont la délivrance de Péronne eût put être la conséquence. Dès le lendemain Gœben se retirait en effet derrière la Somme et donnait les ordres nécessaires à la levée du siège de Péronne. Toutefois il masquait son mouvement en envoyant au nord de Bapaume des détachements de sa nombreuse cavalerie.

Ce fut un de ces détachements, composé de deux escadrons du 8e cuirassiers qui, s'étant avisé, le 4 Janvier, de charger le 20e bataillon de chasseurs, fut reçu comme on sait par le commandant Hecquet. Une soixantaine de chevaux et une trentaine de cuirassiers furent couchés par terre.

*
* *

Après quelques jours de repos, l'armée du Nord reprenait, le 9 Janvier, sa marche dans la direction d'Amiens. Faidherbe paraissait déterminé à reconquérir cette importante place, et Gœben se préparait à recevoir le nouveau coup que son adversaiee allait lui porter.

Il massait des troupes de Corbie à Contay, le long de l'Hallue, de manière à livrer une nouvelle bataille pour ainsi dire inverse de celle du 23 Décembre. Au lieu des Prussiens venant du sud et cherchant à déloger Faidherbe établi sur les hauteurs de l'Hallue, ce seraient les Français venant du Nord qui tenteraient de forcer le passage de la rivière et d'en déloger l'ennemi pour s'ouvrir la route d'Amiens.

Les Prussiens se retranchaient donc dans les villages qui bordent l'Hallue, se barricadaient, redoublaient de vigilance et de précautions. La sévérité de leurs ordres du jour atteste la vivacité de leurs préoccupations.

« Toute communication entre les pays occupés par « nos troupes et ceux où se trouve l'ennemi doit être « sévèrement surveillée et par tous les moyens possi-

« bles interceptée. Il va de soi par conséquent qu'on ne « doit délivrer aucun laissez-passer pour aller dans la « direction de l'ennemi.

« Les chefs de corps auront soin de faire savoir par « les maires, dans toutes les communes occupées par « nos troupes, qu'il est interdit de se servir des cloches « pour tout ce qui serait étranger à l'exercice du culte. « On ne pourra donc sonner les cloches que par ordre « des autorités ecclésiastiques qui seront personnelle- « ment responsables dans le cas, où, par suite de l'usage « des cloches, on commettrait quoi que ce soit au préju- « dice de nos troupes. »

Mais Faidherbe tournait l'obstacle qu'on lui préparait au bord de l'Hallue et allait passer la Somme entre Corbie et Péronne? Cette hypothèse était une de celles qui hantaient l'esprit du général prussien. Et en conséquence il ordonnait de couper tous les ponts en amont de Corbie.

« La 16e division donnera l'ordre aux pionniers de « tout préparer pour la destruction des ponts de Fouilloy « et de Corbie. De la Neuville-lès-Bray jusqu'à Corbie « il faut détruire tous les passages sur la Somme qui « peuvent encore exister et les faire surveiller par des « patrouilles pour qu'on ne puisse pas les rétablir même « à l'usage des simples piétons.»

« Il faut aussi, s'il est nécessaire, déglacer la Somme « pour qu'on ne puisse la traverser sur la glace.» Et, en effet, par des manœuvres d'écluses, les Prussiens, abaissant et relevant alternativement le niveau des eaux firent en sorte que la glace n'était pas en état de porter.

Agité de mille soucis, incertain du point où il serait attaqué, Gœben surveillait avec une anxieuse activité les moindres mouvements de son adversaire. Il se servai pour cela de son admirable cavalerie. C'est par elle qu'il était constamment informé de ce que nous faisions.

Par elle et non par ses espions. Il faut le dire et le redire. Car on s'est fait à cette époque et on conserve encore, malgré l'évidence des faits, les idées les plus fausses sur cet espionnage prussien qui est devenu une légende. On doit se méfier des légendes. S'il en est qui sont caractéristiques d'évènements vrais, il y en a beaucoup, et celle-ci en est un exemple, qui n'appartiennent on peut dire qu'à la fable.

Certainement les Prussiens avaient des espions ; on ne fait pas la guerre sans cela. Et nous aussi nous en avions. Mais quand on examine les faits, quand on suit le détail des opérations, il faut reconnaître que ce fameux espionnage des Prussiens était un des plus insignifiants de leurs moyens d'actions (1).

C'est par ses cavaliers que Gœben était informé. Il les envoyait partout. Les rapports de leurs patrouilles lui étaient immédiatement transmis par télégraphe de campagne, ou à défaut de ligne télégraphique par des relais de poste disposés à cet effet. Au moment dont nous parlons il se montrait plus rigoureux que jamais relativement à ce service postal.

« Les commandants de détachements devront prendre « leurs mesures pour que ce service se fasse avec plus « de rapidité que par le passé. Ils doivént avoir à cet

---

(1) Votre livre m'a montré, bien mieux que je ne le savais, combien nous avons souvent embarrassé l'ennemi ; il m'a fait voir, ce dont je ne doutais nullement, que malgré cet espionnage tant vanté, nous avons été, en général, mieux renseignés sur leur compte qu'ils ne l'étaient sur le nôtre. (Lettre adressée à l'auteur de « La Ligue de la Somme », par M. le colonel de Villenoisy, qui remplissait à l'état-major de l'armée du Nord les fonctions de major général-adjoint).

« effet des chevaux toujours sellés, faire l'expédition « sans aucun retard, et exiger des cavaliers qu'ils fassent, « même par ce temps de neige et de glace, deux milles « à l'heure (15 kilomètres). »

*
* *

La cavalerie prussienne, très exercée à ce genre d'opération et très hardie, se tenait constamment en contact avec nos avant-gardes et ne les perdait pas une minute de vue, voltigeant sans cesse autour d'elles et ne quittant un village qu'au moment où nous y entrions. Il lui arrivait même d'attendre à la sortie du village, quand la route présentait une bifurcation, pour voir si nos soldats prendraient à droite ou à gauche.

C'était souvent agaçant.

Dans cette marche des environs d'Arras dans la direction d'Amiens, la première brigade de la division Du Bessol venait d'arriver à Ayette pour la halte et chacun se disposait à déjeuner, lorsque le capitaine des chasseurs qu'on avait placés en grand'-garde au débouché du village, vint trouver son commandant.

« Mais c'est insupportable, mon commandant. Ils sont « là à 150 mètres qui viennent fumer leur pipe à notre « nez. Je vous en prie, autorisez-moi à faire tirer dessus. « Ils se moquent de nous. Ils ne feraient pas autrement « si nous n'avions que des fusils en bois. »

« Oh! quant à cela, ils n'ont qu'à demander aux « cuirassiers de la semaine dernière si nos fusils sont en « bois. Mais, que voulez-vous, capitaine? Au premier « coup de feu qu'on entendra, toute la brigade va prendre

« les armes. Il faut pourtant que les hommes aient un « peu de repos et puissent manger un morceau. Cela « me fait enrager autant que vous, croyez-le-bien. « Faites comme moi, prenez votre mal en patience.»

Ce service d'éclaireurs était incontestablement très bien fait par la cavalerie ennemie. Elle ne perdait jamais le contact.

De notre côté malheureusement nous n'avions pas la même ressource. C'était là une des grandes causes d'infériorité de l'armée du Nord : elle manquait de cavalerie. A peine avait-on quelques escadrons de dragons pour faire ce métier d'éclaireurs. Et quand nos malheureux dragons se hasardaient un peu en avant, ils couraient le risque d'être enlevés par les postes bien autrement nombreux de la cavalerie allemande.

C'est ainsi que le Vendredi 13 Janvier, à Puisieux, sur la route d'Arras à Amiens par Bucquoy et Mailly, quatre ou cinq de nos dragons furent faits prisonniers par une patrouille du 8e cuirassiers, commandée par le lieutenant Bürgers.

L'un de ces prisonniers se récria très vivement, prétendant qu'il était domestique du général Faidherbe, qu'il se trouvait là par hasard, qu'il s'était égaré en conduisant à la promenade le cheval du général et que sa capture n'était pas de bonne guerre.

*
* *

Ce jeune homme s'exprimait avec une très grande facilité. Il protestait avec une telle énergie contre la capture du cheval appartenant à son général, se plaignait si vivement de la responsabilité qui allait en retomber sur lui, enfin faisait tant de tapage, et d'ailleurs le nom de Faidherbe avait un tel prestige que sa réclamation, rapportée au général Von der Grœben, commandant la 3e division de cavalerie, dont le quartier général était à Acheux, fut transmise à l'instant à M. de Gœben, qui avait son quartier général à Amiens.

Si le nom de Faidherbe était en vénération parmi nous, on peut dire qu'il était en grande estime chez les Allemands. Ils redoutaient trop le chef de l'armée du Nord pour ne pas l'admirer beaucoup. Ce sont eux, dit-on, qui l'ont baptisé du nom de général *Anguille*, prétendant qu'il avait le talent de leur glisser toujours dans les doigts au moment où ils se croyaient le plus certains de le tenir. Même après leur victoire de Saint-Quentin ils en avaient peur. « Voilà donc M. de Gœben « encore revenu à Amiens », disait-on alors à M. Klee, maître payeur de l'état-major de la 1re armée. — « Oh ! « je ne sais pas si ce sera pour longtemps. Nous ne « demanderions pas mieux que de rester ici ; mais « cela dépendra de Monsieur Faidherbe ». Et on voyait dans ses yeux, à travers ses lunettes d'or, que son arrogance de Prussien victorieux était tempérée par le mélange d'une inquiétude assurément très flatteuse pour le général français. S'il en était ainsi après Saint-Quentin, la crainte était encore plus vive après Bapaume, à un moment où les Prussiens étaient réduits à se tenir sur la défensive.

Toute l'armée ennemie avait un profond respect pour Faidherbe. Depuis le simple fusilier jusqu'au général en chef le sentiment était le même. On admirait son énergie et son habilité. Fait curieux et peu connu : un certain nombre de soldats prussiens ont souscrit pour l'épée d'honneur que les populations de la Picardie ont offerte au glorieux commandant de l'armée du Nord. M. de Gœben ne se faisait pas faute de contredire ses bulletins d'une façon très hautaine ; il lui contestait le succès de la journée de Bapaume ; mais ces grands airs n'étaient que pour l'effet public ; il savait bien au fond à quoi s'en tenir, et plus que personne peut-être il tenait en estime son redoutable adversaire.

Une préoccupation que nous rencontrions chez presque tous les officiers allemands était celle de se montrer gens bien élevés. Ils avaient été, non sans raison, il faut le reconnaître, extrêmement froissés du langage que nos journaux avaient tenu au commencement de la guerre. On les avait appelés des « barbares » ; en ajoutant quelquefois, il est vrai, que c'étaient des barbares qui avaient passé par l'Ecole polytechnique ; mais cette épithète de barbares leur restait sur le cœur. Ils affectaient une politesse d'une correction irréprochable, qu'ils avaient la prétention de concilier avec des procédés d'une dureté souvent excessive. Ils cherchaient à tout propos, et parfois tout à fait hors de propos, les moyens de montrer que leur degré de civilisation n'avait rien à envier au nôtre.

M. de Gœben partageait sur ce point le sentiment de ses officiers. Une occasion se présentait de faire acte de courtoisie envers son adversaire ; il se piqua de faire le généreux, et ordonna à von der Grœben de restituer à Faidherbe le dragon et le cheval prisonniers.

Ce bon procédé avait aux yeux des officiers allemands une importance assez grande pour que le major von Schell qui a publié ce qu'on peut appeler le procès-verbal des opérations de la 1re armée allemande, sous le commandement de von Gœben, ait pris soin de mentionner, au milieu des détails absolument techniques des opérations militaires, ce petit événement qui avait presque un caractère romanesque.

La gracieuseté de M. de Gœben donna lieu, du reste, à de fort nombreux commentaires, d'autant plus variés qu'ils étaient tous faux. C'est ainsi qu'on a dit que Louis Faidherbe et Auguste von Gœben se connaissaient depuis longtemps, que c'étaient deux anciens compagnons d'armes, ayant fait campagne ensemble en Espagne où tous deux auraient autrefois pris du service. Il n'y a pas un mot de vrai dans tout cela. Mais à cette époque, dans les esprits surexcités et dévoyés, les fables poussaient comme par miracle et étaient accueillies par une crédulité non moins miraculeuse.

La simple vérité sur les relations personnelles de ces deux officiers, la voici. Après l'armistice, M. de Gœben ayant envoyé à Lille au quartier général français un de ses officiers d'ordonnance pour traiter de l'échange des prisonniers, le chargea de dire au général français qu'ayant lui-même fait un voyage au Maroc il avait lu avec beaucoup d'intérêt ce que M. Faidherbe avait publié sur l'Afrique. En réponse à ces compliments. M. Faidherbe envoya à M. de Gœben un travail qu'il venait de faire paraître sur les inscriptions lybiques et en reçut un accusé de réception dans les termes les plus flatteurs. C'est à cela que se sont bornés leurs rapports personnels. Mais il n'en fallait pas davantage, en y ajoutant l'histoire du dragon et du cheval, pour mettre les imaginations en travail et pour faire des deux généraux, français et prussien, qui tous deux portaient lunettes, deux anciens compagnons d'armes.

*
* *

Pas n'est besoin de dire combien notre jeune dragon, qui allait être rendu à la liberté, était enchanté du succès de sa réclamation. Il s'applaudissait d'avoir joué un bon tour aux Prussiens qui avaient été assez naïfs pour se laisser attraper.

L'histoire qu'il avait contée et qui avait ainsi donné à M. de Gœben l'occasion de mettre au jour la générosité de ses sentiments, était une pure invention. Les Prussiens avaient été dupes d'une simple farce de troupier.

Ce dragon était un jeune Parisien, ancien conducteur d'omnibus, qui avait été en effet au service du général Faidherbe mais qu'on avait dû renvoyer, attendu qu'il était par trop gamin de Paris.

Quant à sa monture, c'était un animal invraisemblable.

Lorsque ce dragon avait été renvoyé à l'escadron, il avait fallu lui trouver un cheval. On sait qu'il n'y avait pas de dépôt de remonte à l'armée du Nord ; elle manquait de cela comme de tant d'autres choses ; on se procurait des chevaux comme on pouvait.

Arrivant le dernier, le jeune Parisien dut prendre le seul cheval qui fût disponible. C'était le plus affreux animal qu'on pût imaginer : grosse tête au bout d'une grêle encolure, poil d'hiver d'un roux sale de plusieurs centimètres de longueur ; un loustic de l'escadron prétendait que c'était le produit des relations illicites d'une vache avec un ours. On s'étonne que le lieutenant Bürgers ait pu croire que ce fut là le cheval du général en chef de l'armée française, et que d'autres officiers après lui aient donné dans une bourde pareille.

Il faut que l'éloquence du gamin de Paris ait été singulièrement persuasive.

*
* *

Le Samedi 14 Janvier, l'armée du Nord accentuait son mouvement sur Amiens. Pendant que la division Du Bessol s'avançait de Puisieux sur le Mesnil-Martinsart,, chassant devant elle les détachements de von der Grœben, Faidherbe, suivant la route de Bapaume avec la division Derroja, marchait sur Albert, qu'occupait un détachement de la brigade Memerty. C'était le 4ᵉ régiment d'infanterie prussienne, le régiment du colonel Tietzen, plus connu chez nous, et même parmi ses troupes, sous le surnom significatif de colonel Cognac. Devant le déploiement de nos forces, Tietzen jugea prudent de se replier sur Querrieu, et il évacua Albert où les Français entrèrent sans coup férir.

Faidherbe prit logement au château : c'est le nom que porte l'habitation de M. le baron Le Feuvre, qui est bâtie sur partie de l'emplacement de l'ancien château féodal. Elle avait déjà servi de quartier général à Faidherbe trois semaines auparavant, le Samedi veille de Noël, puis quelques jours après au général Manteuffel. C'était le sort de cette petite ville d'Albert de subir les continuelles vicissitudes de la guerre, tantôt au pouvoir des Allemands, tantôt reprise par les Français. Enfin, ce jour-là, à la grande joie de ses habitants, heureux de saluer le retour de leur libérateur, c'était Faidherbe qui occupait le château.

Il était à table, avec une vingtaine d'officiers, lorsqu'on

lui annonça l'arrivée d'un parlementaire prussien, un sous-officier, ramenant un dragon français et un cheval.

Le général donna l'ordre d'introduire le parlementaire qui entra dans la salle, casque en tête, salua militairement, présenta une lettre au général, et se tint immobile, le petit doigt sur la couture de la culotte.

C'était un magnifique maréchal des logis du 8e cuirassiers. Sa cuirasse présentait un renfoncement considérable produit par une balle à l'affaire du 4 Janvier où l'escadron du comte von Marées avait été si rudement maltraité par les chasseurs du 20e bataillon. Il y avait là une vraie coquetterie militaire. On avait eu évidemment l'intention de donner à l'état-major français une preuve manifeste de la solidité des cuirasses prussiennes. Ce sous-officier qui était, dit-on, le propriétaire d'un des meilleurs hôtels de Mayence, parlait admirablement bien le français.

La lettre, du général von der Grœben, était ainsi conçue ; il convient d'en respecter l'orthographe :

« Général,

Son Excellence le général de Gœben m'a exprimé le désir de vous renvoyer un dragon avec son cheval, que celui-ci prétends d'appartenir à votre Excellence.

C'est avec grand plaisir que je remplie ce devoir agréable, et j'ai l'honneur de signer avec ma très haute considération.

Graf v. d. Grœben.

14 Janvier 1871. »

Ayant lu cette lettre, le général Faidherbe, qui n'y comprenait rien, qui n'avait perdu d'autre cheval que celui laissé à Corbie le 24 Décembre, fit amener dans la cour le cheval et le dragon.

Au lieu de son cheval... Il demeura stupéfait à la vue du quadrupède qu'on lui présentait, lui qui cependant dans ses voyages avait vu les animaux les plus étranges. Il demanda en riant au parlementaire si on avait pu croire dans l'armée prussienne qu'il montait de semblables animaux. Tous les officiers qui étaient là présents riaient de bon cœur. Le parlementaire prenait part à l'hilarité générale. Seul le farceur de dragon, que Faidherbe avait tout de suite reconnu, ne riait point.

« Ce dragon vous a induits en erreur », dit Faidherbe « au parlementaire. « Il n'était plus à mon service depuis « plus d'une semaine. Il a inventé cette fable pour tâcher « d'échapper à la captivité. Je vous le rends comme « étant de bonne prise, lui et son cheval. Quant à ce « dernier », ajouta-t-il en riant, « si le général von « Gœben manque de chevaux en ce moment, je lui « conseille de le prendre ; il pourra se vanter d'avoir la « monture la plus remarquable des deux armées. »

Faidherbe écrivit aussitôt au général von der Grœben pour le remercier de l'empressement qu'il avait mis à lui renvoyer son prétendu domestique et son prétendu cheval. Il lui disait qu'il ne pouvait accepter une restitution qui avait pour cause le mensonge d'un dragon ; mais qu'il était sensible à l'acte de courtoisie qu'on avait eu l'intention de faire à son égard et que si on voulait lui rendre son cheval, son vrai cheval, qui avait été blessé sous lui à Pont-Noyelles, et qu'il avait été obligé de laisser à Corbie, on lui ferait réellement plaisir.

Porteur de cette lettre et remmenant le dragon penaud ainsi que son singulier quadrupède, le parlementaire s'en retourna au quartier général de von der Grœben.

*
* *

Celui-ci n'avait-il pas pris prétexte de ce cheval à rendre pour se donner le moyen de savoir au juste où était le quartier général français? C'était fort possible. Faidherbe crut à cette petite ruse de guerre, assurément permise. Le cheval qu'on lui avait amené était tellement invraisemblable! Et tout cela s'était fait avec une telle promptitude. C'était le 13 que le dragon avait été fait prisonnier à Puisieux, à onze ou douze lieues d'Amiens, et c'était le lendemain 14 qu'on le ramenait à Albert après que sa réclamation aurait été portée jusqu'au général en chef von Gœben, dont le quartier général était à Amiens. Quel empressement! Si le gamin de Paris en avait conté aux Prussiens, ceux-ci avaient bien pu feindre d'être ses dupes pour saisir l'occasion de s'assurer de l'endroit où se trouvait le chef de l'armée du Nord.

Réflexions fort judicieuses; suscipion très légitime. Tous les jours on avait recours de part et d'autre à de petits moyens d'information. Ainsi le lendemain, 15 Janvier, l'état-major prussien remettait à la Mairie d'Amiens, pour le faire rendre à son propriétaire, un cheval blanc que le général Manteuffel avait réquisitionné à Combles, le 28 Décembre, pour son service personnel. Croit-on que le conseiller municipal qui se chargea de faire reconduire ce cheval à Combles ait négligé une pareille occasion de faire passer à l'armée du Nord les renseignements qu'il avait pu se procurer sur les dispositions de l'ennemi?

Il est manifeste que le général de Gœben ne devait

pas être fâché de profiter de la restitution du dragon pour se renseigner. Mais il ne paraît pas douteux, et nous en avons dit les raisons, qu'il avait sincèrement voulu être gracieux envers son adversaire.

Au reste il se trouvait, par la démarche qu'il avait faite, engagé désormais à remettre le cheval que Faidherbe avait laissé à Corbie. Il ne pouvait plus reculer, à moins de passer pour un Gascon et d'avouer qu'il n'avait pas eu réellement l'intention de faire un acte de courtoisie.

Il lui fallait faire rechercher ce cheval pour le rendre au général français. Il donna donc les ordres nécessaires.

*
* *

Rien de plus habituel chez les Prussiens que les recherches de ce genre. On en trouve à chaque page de leurs ordres du jour. Les Allemands sont gens soigneux et exacts qui ne veulent rien laisser perdre. C'est tantôt un fusilier, tantôt un cheval, ou un porte-monnaie, ou un autre objet qui est égaré et qu'on ordonne de *rechergiren*. Le terme est textuel. Les Allemands ont un langage militaire qu'on ne peut comprendre qu'à la condition de connaître le français.

A la suite d'une enquête bien conduite, les Prussiens ayant appris que le cheval de Faidherbe était chez M. Ducamp, vinrent le réclamer à celui-ci pour le rendre à son propriétaire.

Le vrai peut quelquefois n'être pas vraisemblable. M. Ducamp ne voulut croire un traître mot de ce qu'on lui disait. Il avait fait soigner et guérir le cheval du général Faidherbe ; il l'avait conservé précieusement ;

il l'avait sauvé des réquisitions prussiennes ; il se faisait un bonheur de pouvoir un jour le rendre au Général. Et il l'aurait livré aux Prussiens ! Oh non ! pour rien au monde. Ceux-ci protestaient il est vrai de la pureté et de la générosité de leurs intentions, prétendant n'avoir d'autre but que de faire plaisir au général en lui rendant son cheval. Mais à qui pensaient-ils pouvoir faire accepter chose pareille ? Etait-ce possible ? Cela n'avait même pas une apparence de vérité. Une gracieuseté de la part des Prussiens !

M. Ducamp n'était pas homme à accueillir cette bourde.

Il répondit qu'il n'avait pas le cheval et persista dans son dire avec une imperturbable assurance.

Les Prussiens, de leur côté, par une défiance tout aussi naturelle, ne voulurent pas croire M. Ducamp.

Ils poursuivirent leurs recherches, firent perquisition partout, cherchèrent bien et ne trouvèrent rien.

Décidement von Gœben n'avait pas de chance. Il voulait absolument être gracieux envers son adversaire et n'y pouvait parvenir. Une première fois il lui avait renvoyé un animal difforme, ce qui pouvait même avoir été pris comme une plaisanterie d'assez mauvais goût. Et quand il faisait rechercher de très bonne foi et dans les plus louables intentions le vrai cheval de Faidherbe, son bel arabe bai-brun, il ne pouvait, grâce à la mauvaise volonté des Français, parvenir à le retrouver.

*
* *

M. Ducamp avait pourtant dit vrai, quoique cela non

plus ne fût guère vraisemblable, en affirmant qu'il n'avait pas le cheval de Faidherbe.

C'est le 17 Janvier qu'on vint le lui réclamer.

Or, ayant appris le 15 qu'Albert avait été réoccupé par les Français et que Faidherbe y était, il était parti le Lundi 16, avec un de ses concitoyens, M. Alcide Masse, pour reconduire au général son cheval complètement guéri.

Mais en chemin, à Ville-sous-Corbie, à quelques kilomètres d'Albert, d'autres nouvelles changèrent ses résolutions. Les Français venaient de quitter Albert et aussitôt les Prussiens y étaient revenus.

Il n'était plus possible de songer à rejoindre le général Faidherbe. Il faisait d'ailleurs un affreux verglas. La réoccupation d'Albert semblait indiquer un retour offensif de l'ennemi. On pouvait tomber dans un parti de coureurs ennemis. Si on avait eu le bonheur d'échapper aux Prussiens dans le trajet de Corbie à Ville, on pouvait bien ne plus avoir la même chance au retour.

M. Ducamp avait jugé plus prudent de laisser le cheval à Ville, chez un de ses amis, M. Labbé, auquel il recommanda de le cacher soigneusement.

Les Prussiens avaient beau donc *rechergiren* à Corbie, le 17 Janvier : ils n'y pouvaient trouver le cheval.

Deux jours après, Français et Prussiens étaient loin. Ils se battaient à Saint-Quentin. Par suite, la route de Corbie à Albert et Arras étant devenue libre, M. Alcide Masse vint prendre le cheval à Ville et le conduisit à Arras où il l'embarqua en chemin de fer, Il le mena à Lille, au quartier général de Faidherbe, au moment même, où celui-ci, exténué de fatigue, arrivait de la bataille de Saint-Quentin.

Voilà comment le cheval du Général Faidherbe ne lui fut pas rendu par les Prussiens.

H. DAUSSY.

Amiens. — Imp. H. YVERT.

www.ingramcontent.com/pod-product-compliance
Lightning Source LLC
LaVergne TN
LVHW020312230826
846091LV00006B/2632

* 9 7 8 2 0 1 1 3 4 4 0 9 0 *